Robert de la Sizeranne

L'Esthétique des tombeaux

Critique

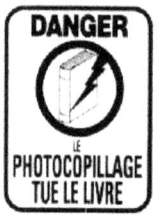
ISBN : 978-1724631459

10 9 8 7 6 5 4 3 2 1

Robert de la Sizeranne

L'Esthétique des tombeaux

Critique

Table de Matières

Introduction

Voici l'heure où les hommes qui ne pensent pas, d'ordinaire, se mettent à songer un peu : à ceux qui ne sont plus et à eux-mêmes. Une fois encore, aux Alyscamps d'Arles, les peupliers laissent tomber leurs feuilles d'or dans la triple rangée des tombeaux vides ; aux thermes de Dioclétien, le grand rosier s'effeuille dans le sarcophage de la chasse à l'ours. Une fois encore, à Guimiliau, l'herbe jaunit sous le calvaire, et à Avioth, à Saint-Victurnien, à Fenioux d'Oléron, les vents d'automne soufflent lamentablement à travers les « lanternes des morts. » La nature et l'Eglise s'unissent pour nous faire souvenir. L'une par son silence, par l'effacement de ses couleurs, par la disparition de tout ce qui distrait les yeux et les oreilles, nous incline à mieux écouter la fuite du temps et à mieux nous regarder vieillir. L'autre, par ses commémorations en l'honneur des amis oubliés et ses fêtes en l'honneur de la multitude des saints inconnus, nous ramène devant l'éternel objet de toute pensée et de toute philosophie. Chacun traduit ce double enseignement à sa manière. Le sage « cherche le reste de ses années, » et la foule va voir des tombes.

Si nous faisions comme elle, peut-être apprendrions-nous quelque chose, non assurément sur la mort, mais sur la vie. D'abord, sur cette vie profonde qu'on puise dans les belles œuvres d'art. Les tombeaux sont apparemment les plus anciens chefs-d'œuvre de la sculpture et, sûrement, ils en sont les derniers. Quiconque a vu, au cours de ses voyages, la stèle immortelle d'*Hégéso*, les *Adieux d'Orphée et d'Eurydice avec Mercure*, les chasses ouïes combats de Sidon, le *Leonardo Bruni*, le *Marsuppini*, le *Sixte IV*, le *Moïse*, la *Nuit* et le *Pensieroso*, le *Galileo de Galileis*, le *Prince de Carpi*, le *Guidarello Guidarelli*, les *Pleureurs* de Dijon, le *Marino Socino*, le *Louis de Brézé* ou le *Henri II*, ne les a jamais oubliés. Et aujourd'hui encore, par une singulière fortune, notre statuaire si empruntée, lorsqu'elle dresse un héros sur un piédestal, vivant, redevient originale et puissante, lorsqu'elle le couche sur une dalle funéraire, mort. Sans même évoquer le *Cavaignac* de Rude, il suffit, pour le montrer, de rappeler le *Lamoricière* et le *Duc d'Aumale*, de M. Paul Dubois, l'*Alexandre Dumas fils*, et le *Félix Faure*, de M. de Saint-Marceaux, *La Douleur réconfortée par les souvenirs*, de M.

Bistolfi, le monument de *Jean Volders*, de M. Van Biesbrœck, et, quand elle serait seule, l'œuvre de M. Bartholomé, l'œuvre capitale de la sculpture contemporaine : le *Monument aux Morts*.

C'est ensuite la vie des artistes que ces œuvres nous enseignent. Il est des maîtres dont on ne se souvient que parce qu'ils ont sculpté une tombe. L'histoire prononce leur nom, par hasard, dans le tas des valets de chambre ou des maçons employés par le seigneur, pour justifier d'une dépense ou établir un inventaire. Nous saluerons ces artistes qui furent si grands et si inconnus, les Jean de Marville, les Michel Colombe, les Jean de la Huerta, les Claux de Werve, les Le Moiturier… Nous chercherons, en tâtonnant, la trace de leurs mains sur ces pierres qu'aucune main n'a signées. Et nous comprendrons, en touchant du doigt ces monuments qu'ils ont cru élever à d'autres et qu'ils se sont élevés à eux-mêmes, combien l'ambition, le goût de la gloire et l'individualisme exaspéré, qui hantent nos contemporains, sont de moindres excitateurs du génie que le simple désir de faire un « bon ouvrage » et la modeste passion de son métier.

Enfin, le monument que chaque génération élève à la mort traduit, peut-être plus qu'aucune autre chose d'art, son sentiment sur la vie. Sentiment de regret pour la vie qu'elle a vécue, ou d'espérance en une autre meilleure, souvenir de la petite famille qu'elle a laissée sur la terre et qu'elle veut visiter encore, ou bien de la grande famille qu'elle possède déjà outre-tombe et qu'elle rêve de voir, peu importe. Nous créons toujours l'inconnu selon le connu. Nous donnons à la mort les formes de la vie, et, soit pour l'exalter, soit pour la maudire, l'Art n'a pas d'autre source où puiser.

Ainsi, notre visite sera, non pour les morts, mais pour les tombeaux. Nous visiterons ceux du Céramique à Athènes, et de Sidon, à Constantinople ; nous nous arrêterons au Latran, au bord de la campagne romaine, à Ravenne, au bord de la marine, à Arles, aux confins de la Camargue. Nous aborderons au quai du Rio dei Mendicanti, à Venise, à San Zampolo, là où la statue du Colleone veille sur les Doges morts. Nous passerons devant les monuments d'une richesse inouïe où Saint-Pierre a muré ses papes, et où Bruges a enfermé ses derniers princes venus de Bourgogne. Nous nous arrêterons, enfin, à Saint-Denis et surtout au Louvre, au rez-de-chaussée, dans les salles du bord de l'eau, et dans quelques autres musées, puisque c'est dans les musées aujourd'hui qu'il faut aller chercher des tombes. Nous les interrogerons comme de pures œuvres d'art, comme si nous étions devant *Bacchus et Ariane* ou, devant le *Tireur d'épines*, car elles sont vides. Vides, les auges des Alyscamps et du merveilleux musée lapidaire qui regarde Saint-Trophime, à Arles ; vides, celles du Latran à Rome ; vides, les tombes de Saint-Denis ; vide, celle de Théodoric à Ravenne ; vides, dans la grande salle des gardes de Dijon, celles des ducs de Bourgogne ; vides, celles alignées le long de la Seine, dans les salles du moyen âge et de la Renaissance, au Louvre. Non seulement elles sont vides, mais la plupart sont anonymes. Qui se souvient du héros que renfermait le sarcophage de Phèdre et Hippolyte ? Qui sait le roi que pleurent les pleureuses de Sidon ? Les savants cherchent à rendre à chaque « bonne demeure » son histoire et, à chaque statue, son héros. Ils ne peuvent même pas restituer le monument dans son intégralité primitive. Ce qui devait être le tombeau de Jules il est dispersé dans diverses églises ou musées. Il y en a au Bargello ; il y en a aux jardins à Boboli, il y en a au Louvre, aussi bien qu'à Saint-Pierre aux Liens. Il faut que l'imagination rapproche tous ces membres épars et reconstruise, idéalement, l'œuvre que l'artiste a faite ou rêvée. Il faut qu'elle réunisse des pierres séparées par des milliers de lieues et par les mers, qu'elle les compare en les enveloppant dans les plis du souvenir, comme les enveloppent, en ce moment, par toute l'Europe, le voile de brume qui se tisse ou le rayon doré de l'automne qui s'en va…

Section I

Considérons d'abord la forme du tombeau. Quand on rencontre, en voyage, les énormes monuments de Théodoric, de Cecilia Metella, de Galla Placidia ou d'Hadrien : le château Saint-Ange, on s'aperçoit que l'humanité a perdu, chemin faisant, le secret de certaines jouissances et l'idée de certains devoirs envers soi-même. Ainsi, l'idée de préparer son propre sépulcre et d'en faire un objet d'admiration et d'envie pour les autres, la joie de considérer longtemps sa propre figure, fixée pour toujours à l'âge de la jeunesse, mais dans l'attitude des morts, entourée des figures des serviteurs de la terre ou du ciel. Ce fut le grand divertissement des Pharaons ;

ce fut la manie singulière des empereurs romains dilettantes, le rêve des papes les plus affairés, la préoccupation des princes ou principicules du moyen âge, entre deux batailles, et jusqu'à celle de simples particuliers, pourvus de quelque grande charge, comme messire Philippe Pot. A la vérité, il y avait, là, un sentiment tout aussi bien moderne : c'était une façon de s'élever à soi-même un monument et de prévenir l'oubli de ses contemporains ou leur ingratitude. De la sorte, un grand homme ne courait pas le risque « d'attendre sa statue, » selon la formule étrange du journalisme moderne. C'était bien plutôt sa statue qui l'attendait, longtemps parfois, patiemment, le regard levé vers le ciel, les mains jointes. Celle de Catherine de Médicis l'attendit trente ans, étendue sur le marbre, auprès de la statue admirable de Henri il : L'inscription du tombeau de Philippe Pot, aujourd'hui au Louvre, le dit assez. On n'y lit pas : « Ci-gist… » mais, le futur « *Cy demorra…* » Puis, sur ce livre de pierre, l'homme public écrivait son panégyrique, d'avance, ou parfois son apologie protégée par le respect de la mort. Les épitaphes étaient souvent des mémoires justificatifs et les pleurants, ou les « angelots d'alebastre, » ou les lions, des défenseurs posthumes. Depuis Chephren où Chéops jusqu'aux seigneurs de la Renaissance, malgré tout ce que l'évolution des religions ou des idées sur l'autre vie pouvait y mêler de métaphysique, le sentiment qui dicta ces monuments magnifiques était le plus simple de tous et le moins changeant du monde : la vanité.

Seulement, avec le temps, le vaniteux a trouvé, pour se satisfaire, de nouveaux stratagèmes et les jouissances qu'il puisait, jadis, dans l'aménagement de son sépulcre lui paraîtraient aujourd'hui un divertissement assez fade. Puis l'homme moderne n'est pas un homme « constructif » comme l'était essentiellement l'ancien, et comme on l'a été, jusqu'au XVIIIe siècle. Construire et détruire, changer la face visible des choses, effacer les rides ou ajouter des traits nouveaux à la figure de la Cité, a été la passion de nos pères. Pour l'assouvir, ils ruinaient volontiers des provinces. Le vieux Cosme de Médicis reprochait à ses architectes de ne pas dépenser assez d'argent. En même temps, le respect des monuments existants était un sentiment tout à fait inconnu. Trouer des murailles, raser des châteaux forts, démolir, pierre à pierre, un inoffensif hôtel en plein Paris pour se venger du seigneur qui le possédait, détruire de fond en comble une ville et y semer le sel, fondre la statue d'un ennemi, — cette statue fût-elle une œuvre de Michel-Ange, cet ennemi fût-il le Pape ! — pour en faire un canon ; effacer jusqu'au nom d'un pays, d'une famille, en désunissant toutes ses pierres, telle était la forme que prenait la vengeance de ces hommes. Ils devaient naturellement rêver, pour y échapper, de monuments gigantesques. Et là, encore, sans invoquer de sentiment religieux, on peut aisément s'expliquer la passion que les « grands de ce monde » mirent longtemps à s'édifier un solide tombeau.

Cette passion passa dans le cœur des artistes. Les plus grands vécurent de longues années de leur vie au milieu des carrières de marbre, à Dinant, à Salins, à Carrare, cherchant le bloc énorme d'où ils pourraient tirer la figure de leur seigneur, la dalle noire où ils pourraient le coucher. Des jours sans nombre se passaient à évider la pierre, à la polir, à l'ouvrager en mille lampettes, rosaces, dais, gables minuscules, en une merveille de féerie. Il a fallu vingt-neuf ans pour faire le tombeau de Philippe le Hardi, trente-cinq pour celui de Jean sans Peur et de Marguerite de Bavière. Pollaiuolo travailla dix années entières à cette œuvre d'orfèvrerie qu'est la tombe de Sixte IV ; Jean Goujon et Jean Cousin neuf années à celle de Louis de Brézé. On peut dire que l'activité tout entière de Michel-Ange a été disputée, entravée, abattue et ranimée tour à tour par les fantômes de deux tombeaux gigantesques : le monument de Jules II, auquel il pensa quarante ans et qui fut le cauchemar de sa vie, et la chapelle des Médicis. La veuve de Philibert le Beau demeura vingt-cinq ans à faire orner d'amours et d'atours la tombe de son chevalier, à Brou, et il semble bien que le monument de Maximilien, à Innsbruck, n'ait pas demandé moins de quatre-vingts ans. On mettait plus de temps, alors, à construire une tombe, dans notre vieille Europe, qu'aujourd'hui, en Amérique, à bâtir une ville. Cette longue patience, à la fois de ceux qui voulaient fêter leurs morts et des artistes attachés à leur œuvre, est peut-être l'enseignement dont nous aurions le plus besoin. Non pas la fidélité dans la vie. Le culte du souvenir n'est sans doute pas moindre dans les âmes modernes que chez ces preux attentifs à la sculpture d'une tombe, et, dans un temps comme dans l'autre, selon le mot gravé par René de Birague sur la tombe de Valentine Balbiani :

Qui bien ayme tard oublie.

Mais le sentiment, aujourd'hui perdu, est celui de la fidélité à la même œuvre d'art, — la longue patience qui s'attache au même but et l'effort qui, toujours dans la même direction, se renouvelle. Aujourd'hui, si l'on bâtit plus vite qu'autrefois la demeure des vivants, — ce qui n'a guère d'importance, puisqu'on ne lui veut pas de beauté, — on ne peut, guère plus vite qu'autrefois, concevoir et exécuter quelque belle chose qui honore les morts. Et le seul qui y ait tout à fait réussi, M. Bartholomé, n'a pas mis moins de douze ans à méditer et à parfaire son œuvre…

Aussi le goût des colossales bâtisses a-t-il diminué à mesure que le monde trouvait d'autres signes de gloire, et, du même étiage, a diminué la tombe. D'abord, élevée très haut dans le ciel, avec les Pyramides, elle n'a cessé, d'un mouvement lent et continu, de s'abaisser vers la terre pour se confondre avec elle, — dans les dalles de Santa-Croce qu'usent les genoux des fidèles ou les pieds des touristes indifférents.

Regardez le tombeau antique : quand ce n'est plus une montagne comme les Pyramides, c'est un temple, comme les sarcophages de Sidon ; quand ce n'est plus un temple, c'est au moins une maison, en réduction, la maison plus étroite, mais où continue une petite vie semblable à la vie domestique. Le sarcophage est le microcosme de la demeure. Il est fait, d'abord, comme l'immense maison de toute l'humanité, comme l'univers tel que se le figurent les Égyptiens : une caisse rectangulaire avec un couvercle plat ou légèrement bombé qui est le ciel. Puis la forme du monde paraît bien grande pour un seul corps. Alors la tombe est bâtie comme la demeure des dieux, comme le temple, dont elle a les frontons, les acrotères, le toit aux deux pentes, les colonnes. Puis elle devient simplement une maison, avec son toit de tuiles imbriquées, représentée dans le marbre ou la pierre, avec sa porte, ses ornements familiers, ses guirlandes. Un jour, pourtant, on s'avise qu'une maison tout entière, c'est beaucoup pour un corps qui ne bouge plus de sa couche, et les murs disparaissent, le fronton s'effondre, les colonnes rentrent sous terre et, de la maison disparue, il ne reste plus que le lit, — le lit où, à demi couché, appuyé sur le coude, le personnage étrusque se tient souriant, sans qu'on puisse bien deviner si c'est pour festoyer ou pour reposer du repos éternel.

Longtemps, ce lit est véritablement le meuble de la maison des vivants, comme le montre, jusqu'à l'évidence, le couvercle du fameux sarcophage de Vulci ; mais, peu à peu, il se transforme. Il devient, au moyen âge, le lit d'apparat, sur lequel on hisse le chevalier ou la dame, l'évoque ou l'humaniste, dans leur costume de cérémonie, absolument comme dans l'exposition publique de leur corps, après la mort. Et ce lit, très haut pour les uns, avec des baldaquins et des courtines, s'abaisse pour d'autres, s'abaisse jusqu'au tapis de Turquie sous l'admirable Galileo de Galileis qui est à l'entrée de Santa-Croce à Florence ou l'Acciajuoli, qui repose au haut de la colline, à la Chartreuse d'Ema. Il s'abaisse encore plus, devient une simple plaque gravée dans le monument de Joris de Munter et de sa femme, à Bruges. Il disparaît enfin dans les temps modernes, et les deux gisants si poignants de M. Bartholomé reposent sur la terre même qui doit les recouvrir.

Sans doute, ces lois ne sont pas absolues. Les formes architecturales acquises par le passé coexistent parfois avec la forme nouvelle, et il peut arriver que quelques-unes triomphent dans un pays qui ne sont pas adoptées dans un autre. C'est ainsi que le tombeau en forme de lit de parade, carré, posé au milieu d'une chapelle, comme une île dont on peut faire le tour, n'a presque jamais été adopté en Italie, mais seulement dans les pays du Nord, tandis qu'à Florence, à Padoue, à Assise, à Venise, le monument est appliqué contre les parois de l'église, ne se développant qu'en hauteur comme une sorte de décoration murale. Dans le mouvement constant qui a réduit la tombe, depuis la pyramide, à n'être qu'une simple dalle de pierre ou de métal, il y a eu assurément des périodes de réaction, et tout le XVIIIe siècle a tenté de relever l'orgueil du sarcophage et même de ressusciter la pyramide ancienne en un chétif et indigent trompe-l'œil. Mais ces arrêts ou ces réactions ne peuvent changer la courbe tracée par cet art en son évolution principale. Elle est très visible, si l'on envisage les chefs-d'œuvre de chaque époque. L'architecture qui fut, d'abord, presque toute la beauté funéraire, en est devenue peu à peu un élément secondaire et a fini par disparaître entièrement de l' « Esthétique des tombeaux. »

Section II

La figure humaine, au contraire, n'a pas cessé d'y grandir. Dans le sarcophage égyptien, elle était fort peu de chose. Le basalte noir ou le granit rose résistaient à, la pointe de l'artiste. A peine pouvait-il détacher le corps du roi, ou du scribe, de sa lourde gangue polie. Cette difficulté gardait à la figure du mort un aspect monumental, pesant, qui nous touche encore aujourd'hui plus que bien des virtuosités de nos dentelliers du marbre, détaillant une toilette avec le bavardage insupportable d'une modiste. Pour retrouver cet aspect de sommeil au sein de la matière, de corps attaché à la terre, indéracinable, il faudra, de la part du sculpteur moderne, une expresse volonté, peut-être même un ingénieux parti pris. Au contraire, dans ces temps héroïques de la grande sculpture, mal servie par des instruments imparfaits, il suffisait qu'on ne pût pas faire autrement. La dureté de la matière employée enchaînait le « lapicide » à sa grandeur. Mais dès que le sculpteur, mieux armé ou pétrissant une plus docile matière, put lui faire exprimer toutes les nuances de la myologie, la figure du mort devint une œuvre maîtresse. Et bien plus encore que la forme générale du tombeau où il repose, cette figure du mort a changé.

L'antiquité tout entière l'a représenté vivant, ordinairement entouré de ses proches, tel qu'on aimait à se le représenter, tel qu'il l'eût aimé lui-même, s'il avait préparé son tombeau. Depuis les premières stèles grecques jusqu'aux sarcophages chrétiens de Sant' Appollinare in Classe, ou de la Gayolle, ce que l'artiste nous montre dans le héros de son monument, c'est la vie. Ce n'est pas une vie ardente, agissante, expansive, celle du combattant ou de l'orateur, il est vrai, mais l'art antique est celui qui figure la nature la plus calme et qui se dépense le moins en gestes. Il n'est pas étonnant qu'il en ait donné très peu aux morts. Une poignée de main, c'est tout ce qu'il leur permet, d'ordinaire, ou bien l'ouverture d'une cassette et le déroulement d'un collier de perles. C'est ce que vous trouverez sur toute la paroi Est de la salle grecque au Louvre, où les exemplaires de cet art sont médiocres, mais représentatifs. C'est tout ce qu'il y a dans la stèle fameuse d'Hégéso. Hégéso, fille de Proxénos, est assise, un peu lasse, sur une chaise aux pieds courbes : devant elle, debout, se tient une petite esclave qui lui met sous les mains un coffret ouvert. De ce coffret, la morte a tiré quelque chose que nous ne voyons pas. Cela était peint autrefois sur la pierre et s'est effacé. Mais son geste est si juste et sa tête penchée si attentive que l'artiste n'avait nul besoin, pour nous le montrer, de figurer un collier de perles. Cela semble, déjà, un geste d'âme, maniant une parure invisible, mais si présente, comme l'ombre même de la morte, que chacun de nous, sur la pierre, saurait en tracer le contour.

Cette Hégéso est bien vivante, mais d'une vie si sereine et si calme qu'elle semble soustraite à toutes les agitations de la nôtre. On n'imagine pas qu'elle parle. On n'imagine pas qu'elle entende. A peine si l'on s'imagine qu'elle voit. Toute son âme semble s'être réfugiée dans ses mains, au bout de ses doigts, autour de cette parure dont nous n'apercevons pas le plus léger vestige, mais qui représente, pour elle, de la vie qu'elle a vécue, de la terre et des mers qu'elle a connues et des îles qui s'étendent à l'horizon, et des amies demeurées là-haut sur la terre, tout un monde ou une série de mondes minuscules reflétés dans cet invisible orient…

Un peu plus actives sont les scènes où la personne disparue, toujours assise, prend la main de son fils ou de sa fille, de son mari ou de sa femme, debout devant elle et presque triste. C'est une réunion de famille, la dernière peut-être, ou bien c'est l'indice de la présence perpétuelle, au milieu des siens, quoique invisible, de l'être disparu. En donnant la main à celle qui vit encore, la personne morte semble toujours vouloir la retenir, l'attirer vers elle, et la personne vivante a toujours l'air près de partir. La scène se passe-t-elle donc au royaume des ombres ? Le fond nu et irréel ne dit rien. Tous les doutes parlent. Les savants, qui cherchent de la logique dans ce qu'il y a de moins logique au monde : les sentiments de l'homme en face de la mort d'un être aimé, se désespèrent de ne pas trouver à ce geste d'explication rationnelle. Mais l'ignorant laisse opérer en lui le charme. Devant les stèles de Tito, d'Asia, d'Eutemia, de Mynno, de Mika et Dion, de Korallion, la pâleur du marbre, la douceur du relief, çà et là fondu et à peine exhalé sur la pierre, la lenteur des mouvements, imaginés par l'artiste pour cette vie sans hâte, donnent à ces visions l'apparence des choses qu'on voit en rêve. C'est bien ainsi que l'imagination, dans ses plus folles entreprises, aime à se figurer le retour que la raison sait impossible et la réunion que le souvenir seul peut réaliser. C'est ainsi qu'elle se figure la bienvenue souhaitée à qui ne reviendra pas, l'étreinte entre deux êtres que l'infini sépare. Elle n'ambitionne pas grand-chose : une illusion, une réunion même imparfaite lui suffit. Elle se représente à peine le profil de l'absent : pas une parole, un glissement seulement, un bruit de feuille morte poussée par le vent, la porte ouverte, l'altitude prise sur le siège accoutumé, un regard, le geste de la tête, du cou, de la main, le geste que faisait seul l'être aimé et que personne, depuis lui, parmi tant de millions d'êtres humains qu'on dit « nos semblables, » ne fait plus !

Dans l'art gréco-romain, la figure du mort se réduit à peu de chose : un médaillon, rond d'ordinaire comme un bouclier, au milieu des scènes de chasses ou de combats ou de fêtes, qui décorent le sarcophage. Mais là, encore, le mort est vivant et ce n'est pas le christianisme qui change rien aux formules adoptées. D'ailleurs, à ses débuts, il s'occupe peu de la tombe. Le christianisme, malgré les retours sournois du vieux culte familial, est bien toujours la religion qui est sortie d'un tombeau vide, — et parce qu'il était vide. Le chrétien, pour revivre, n'a pas besoin de tombeau. Sans maison, sans esclaves, sans nourriture, sans sacrifices, il poursuit sa carrière glorieuse, lumineuse, infinie. Ni la survivance des enfants, ni leur assiduité aux sacrifices n'en sont les conditions nécessaires. Il y a bien encore, dans les cérémonies pour le « repos de l'âme, » un ressouvenir des traditions païennes, mais c'est un souvenir affaibli, sans rien d'absolu, ni d'impératif. Les portes du ciel s'ouvrent à la plus dénuée, à la plus solitaire, à la plus abandonnée des âmes errantes. Un jour viendra où tous ces tombeaux, comme celui du Maître lui-même, seront vides. Et l'art de la « bonne demeure » n'intéresse plus que la vanité des vivants, non le repos des morts.

Aussi, le chrétien des premiers âges ne songea pas plus à effacer le décor païen de la tombe où il allait entrer, mort, que celui de la maison où il avait demeuré vivant. Il prenait un débris de statue colossale antique et creusait là-dedans la tombe de son enfant. Les symboles anciens l'entouraient sans qu'il y prît garde, ou bien, peu à peu, il versait dans ces mêmes formes un esprit nouveau. Ainsi, pendant très longtemps, les figures vivantes du mort et de son épouse, l'un tenant son *volumen* à la main, l'autre le bout de son voile, ont paru sur les sarcophages chrétiens, comme sur les autres, entourées de génies ou d'attributs nobles, mais équivoques. Et si le défunt est représenté par cette figure, debout, les bras écartés en croix, priant, qu'on appelle l'*orante*, c'est encore une figure bien vivante. Tant que l'art antique a régné, ou n'en a pas vu d'autres sur son tombeau.

Quand renaît la sculpture, au moyen âge, sous la main de Jean de Pise, le mort se couche, et non plus comme sur les terres cuites étrusques, vivant et radieux dans ses parures multicolores, mais endormi d'un profond sommeil. Le mot, dont on le désigne désormais, le définit. C'est un « gisant. » Il ne gît pas lassé, brisé, désemparé, comme une épave de la vie. Il se tient aussi droit, couché, que debout à la parade, aussi ferme que la longue épée serrée sur son cœur. Rappelez-vous Philippe le Hardi, à Dijon, les mains jointes, les pointes des doigts en l'air, les poignets presque verticaux, tout le corps comme soulevé au-dessus de terre par la foi qui transporte et l'invincible espérance. Une légende fameuse au moyen âge racontait que, dans l'église de Notre-Dame, à Césarée en Cappadoce, reposait un chevalier nommé Mercure avec sa lance et son écu. Or l'empereur Julien l'Apostat étant venu à passer par-là et toute la ville se trouvant en grande peine et terreur à cause de ses menaces, Notre-Dame apparut, une nuit, au « gisant » et le pria de sauver la chrétienté. Le lendemain matin, la statue avait disparu, sa lance et son écu aussi et l'Apostat était mis à mort au milieu de ses troupes ; puis, la nuit passée, on retrouva raccrochés au mur la lance et vécu du chevalier, et lui, de nouveau, tranquillement couché sur sa tombe. A voir les statues des chevaliers étendus suivies pierres tombales du moyen âge, encore tout vêtus de fer, tout armés, dans la souplesse et la vigueur de leur plus bel âge, dégantés seulement et tête nue, mais leur gantelet à portée de leur main, et leur heaume ou « bassinet » tenu près de leur tête par des angelots serviables, il semble que tous se tiennent prêts à faire ce qu'a fait le chevalier Mercure.

Pour cela, il faut qu'ils soient jeunes encore et ils le sont, en effet. Peu importe l'âge où les a pris le grand sommeil. Sur leur tombe, ils ont toujours l'âge de la résurrection : « Atout le plus beau visaige que vous pourrés fere et jeune et plain ; le netz longuet et ung petit hault comme savez et ne le faicte point chauve, » écrivait le seigneur du Plessis-Bourré, de la part de Louis XI, en commandant au sculpteur Colin d'Amiens sa figure tombale. Les chanoines, les doges, les évêques et les humanistes italiens sont moins jaloux de leur jeunesse. Ils ne se tiennent pas aussi fermes que les chevaliers ou les évêques figurés sur les tombes du Nord. Ils n'ont pas les yeux au ciel, les mains jointes en haut. Leur tête, moins fière, se penche un peu sur le côté, se replie un peu vers leur cœur. Leurs mains retombent sur leurs poitrines comme des oiseaux qui se posent, referment leurs ailes. Mais leurs visages endormis sous les dais et les guirlandes du Seltignano sont doux, calmes, parfois extasiés, souriant aux anges, — aux anges « d'albastre » qui veillent sur leur sommeil. Qui ne se souvient, lorsqu'il les a une fois aperçus sous leurs portiques, au fond de leurs vieilles chapelles, des visages de l'évêque Federighi, par Luca della Robbia, à San Francesco dà Paolo, près de Florence, ou de Philippe, frère de saint Louis, à Saint-Denis, et de Louis, son fils aîné, ou du cardinal Brancacci par Donatello ou du cardinal de Portugal par Antonio Rossellino ? Il est difficile d'exprimer mieux la sereine confiance du dormeur qui voit quelque chose d'admirable que nous ne voyons pas.

On a beaucoup accusé le moyen âge d'avoir enlaidi la mort et apporté à l'humanité des terreurs d'outre-tombe que l'antiquité n'avait pas connues. Il faut, pour le soutenir, n'avoir jamais regardé ces figures. D'un bout à l'autre de la chrétienté, depuis Saint-Sauveur de Bruges jusqu'à San Nilo de Naples, elles expriment une paix heureuse. Toutes sommeillent : desquelles peut-on dire qu'elles ne se réveilleront pas ? Toutes sont tournées vers la mort : desquelles peut-on dire qu'elles en reflètent la menace éternelle ou l'horreur ? Où est la laideur du cadavre, la nudité du squelette, la grimace et le rictus de la bouche ? Où est l'appareil du jugement, les ministres de la vengeance, la vision des tourments éternels ? Sans doute, on verra un jour toutes ces choses sur les tombeaux, mais ce ne sera pas au moyen âge. Ce sera au XVIe siècle, précisément lorsque auront disparu les ferveurs de la foi chrétienne, et que l'art devenu savant aura parachevé sa « Renaissance. » Le moyen âge n'a pas envisagé la mort moins simplement ni moins joyeusement que l'antiquité. Lorsqu'on dit que l'art antique a montré la mort heureuse, on joue sur les mots. L'art funéraire antique n'a représenté la mort, ni heureuse, ni malheureuse ; il n'a pas montré du tout la mort. Sur ses tombes, sur ses stèles, sur ses sarcophages, il a figuré la vie. Et quand, par hasard, il a figuré la mort, comme dans certains tombeaux étrusques, ou vases cinéraires d'albâtre, il ne l'a faite ni douce, ni riante, mais angoissée, mais terrible, compliquée de démons et de « charuns » diaboliques. Un seul art a figuré sur son tombeau le mort sommeillant, rêvant, calme et plein d'espoir : c'est l'art gothique.

A mesure qu'on avance dans la Renaissance, le gisant se relève de sa couche, s'accoude sur un bras, et commence à regarder autour de lui. Ce mouvement est très frappant, quand on considère, l'un après l'autre, les tombeaux des papes. Grégoire X dans la cathédrale d'Arezzo, Benoît XI à Saint-Dominique de Pérouse, Jean XXIII au Baptistère de Florence, Martin V au Latran, et jusqu'à Sixte IV à l'Église de Saint-Pierre, sont encore couchés, les mains sur leur poitrine, la tiare en tête posée sur un coussin. A peine le XVIe siècle a-t-il commencé, que le pape Jules II, à Saint-Pierre aux Liens, sort de cette attitude où les Jean de Pise, les Rossellino, les Pollaiuolo avaient immobilisé ses prédécesseurs. Il s'accoude et se tourne vers le spectateur. Après lui, tous les Papes se redressent et trônent sur leurs tombeaux. Les mains de Paul III, de saint Pie V à Sainte-Marie Majeure, d'Urbain VIII, de Clément XIV, se lèvent pour bénir et peut-être pour menacer. D'autres, comme Sixte V, s'agenouillent et prient. Tous vivent et règnent sur leurs tombes, jusqu'à ce que, de nos jours, Pie IX se recouche et disparaisse dans un simple sarcophage renouvelé des premiers tombeaux chrétiens de Ravenne, sous les palmiers et le Bon Pasteur symboliques.

Cette évolution de la statue funéraire, si visible sur les tombeaux des Papes, on la retrouve dans les tombes profanes les plus humbles. Sans aller ni à Florence, ni à Rome, on peut saisir l'antithèse, soit au Louvre, dans les salles du rez-de-chaussée, au bord de la Seine, soit au musée des moulages du Trocadéro. Là, on aperçoit, côte à côte, deux monuments dont les originaux se trouvent, ensemble, dans la cathédrale du Mans. L'un, le tombeau de Charles IV d'Anjou, comte du Maine, est de la fin du XVe siècle, l'autre, celui de Guillaume du Bellay, du milieu du XVIe. Ce sont deux hommes de guerre. Il ne s'est pas écoulé un siècle entre le jour où Laurana sculpta le premier et où l'émule inconnu de Jean Cousin ou de Jean Goujon « eslaboura » le marbre de l'autre. Mais un monde nouveau est sorti des profondeurs silencieuses du moyen âge. Le soldat a dépouillé la cotte de mailles, les jambières, l'appareil utile du combat. Son armure n'est qu'une parure éclectique, renouvelée des Romains, choisie pour sa beauté. Ses mains ne reposent plus paisiblement dans l'attente ou pour la prière : elles s'occupent. Sous chacune d'elles il y a un livre, tout autour du mort sont des livres épars, une bibliothèque. Et il nous regarde bien éveillé, en pleine activité, triomphant, sans rien évoquer de l'inconnu que nous sentons, à côté, en Charles d'Anjou, dans le silence fermé de sa bouche et le mystérieux sourire de son casque.

Le même contraste se voit au Louvre, après qu'on a passé dans les salles basses où s'allongent les statues funéraires de Philippe Pot, de Blanche de Champagne ou de Philippe de Morvilliers, et qu'on débuche dans les hautes salles largement éclairées où se redressent les figures d'Albert Pie prince de Carpi, de l'amiral de Chabot, de Charles de Maigny, de René de Birague et de Valentine Balbiani. Tous ces hommes ou ces femmes de la Renaissance se sont relevés sur la couche où dormaient leurs pères. Ils lisent : un passage du poète ou du philosophe a donné des ailes à leur pensée. Ils ont relevé la tête, le livre a glissé au bout de leurs doigts, et ils regardent au loin, insensibles au petit king's charles qui se dresse et veut sauter sur leurs genoux. Rien de plus noble que ce repos du prince de Carpi : un bras replié vers la tête, vers le siège de la pensée, tous les autres membres accusant la force et la souplesse inactives. Mais rien n'est moins semblable au « gisant » gothique. Le dormeur, jadis, confiant dans son sommeil s'est mis à méditer, en même temps que ses mains abandonnaient l'attitude de la prière. Le « gisant » est devenu le *Pensieroso*. Ce que la Renaissance exprime sur les tombes, ce n'est plus l'espoir en la mort ; c'est la mélancolie infinie de la vie.

C'est quelque chose de plus triste encore et, précisément, si vous regardez au-dessous de la figure de Valentine Balbiani, au Louvre, vous voyez paraître l'autre face de la Renaissance : la curiosité du cadavre tel qu'il sera quand la mort l'aura décomposé. A mesure que croît le prix de la vie, s'augmente la terreur de la perdre. A mesure qu'éclate l'orgueil de l'être, grandit l'horreur du néant. En même temps, plus se perfectionne la science du corps humain, plus l'artiste subit la tentation d'en exprimer tous les aspects. Nous lui devons deux chefs-d'œuvre : le *Henri II* de Germain Pilon, à Saint-Denis, et le *Louis de Brézé* de Jean Goujon et de Jean

Cousin, à Rouen. C'est la mort, dans toute sa tragique simplicité, le relâchement de tous les muscles, l'affaissement définitif de la tête, à la dérive, la pesée de tous les membres sur le sol, le dénuement, la fin. Mais à cette fatale curiosité, nous devons aussi de lamentables erreurs : la statue de la *Mort*, de Ligier Richier, représentant René de Châlon, selon son propre désir, non comme il était mourant, mais « tel qu'il serait trois ans après son trépas ; » enfin, cette Valentine Balbiani, la femme bien-aimée du chancelier de Birague, que son mari, veuf, et sur le point d'entrer dans les ordres, eut le courage de faire représenter dans tout le dénuement et l'horreur de la vieillesse et de la mort. Toutefois, ce ne sont là que des antithèses. Malgré ces souvenirs terribles de la corruption et de la déchéance physique, apparaissant au-dessous des figures vivantes, — comme une apostrophe de Bourdaloue ou de Bossuet, — au milieu des splendeurs éblouissantes du siècle, le tombeau de la Renaissance est toujours un monument d'orgueil. La figure principale s'y prélasse ou s'y agite. Au XVIIe et au XVIIIe siècle, il en est de même. La mort d'un héros est un grand spectacle, où le désespoir fait des grâces, où les lamentations sont réglées par un maître de chapelle, et les mouvements par un maître de ballet. Le *Maréchal de Saxe*, par Pigalle, à Strasbourg, triomphe, même en quittant la vie, et comme s'il descendait les marches d'un trône, s'achemine d'un pas égal vers sa tombe, le bâton de commandement à la main. Dans l'antiquité, le mort était un vivant, au moyen âge ce fut un « gisant, » sous la Renaissance, il est agissant, au XVIIIe siècle, il est triomphant. Regardons-le maintenant dans les grandes œuvres contemporaines : nous ne le verrons plus assis comme la Mika ou la Mynno des stèles antiques, ni accoudé sur la pierre comme la Seianti Thanunia de Chiusi, ni debout et priant comme les « orantes » du Latran et de Ravenne. Il n'a plus la force de méditer comme le prince de Carpi, ni de prier comme le René de Birague. Le mort moderne gît étendu comme les gisants du moyen âge, mais avec une tout autre détente de tous les muscles. Ceux-ci dorment comme gens qui se réveilleront. On sent qu'un jour, ils se lèveront tous : le Hardi comme le Téméraire, le landgrave de Werd, comme le comte d'Evreux. Un jour, ils se retrouveront debout, avec leurs casques, leurs épées, leurs robes pas même déplissées, debout, les pieds dans la meute hurlante et rugissante de leurs lions ou de leurs limiers lâchés à travers les plaines, la tête sous une migration d'anges battant des ailes.

Regardons, au contraire, le *Cavaignac* de Rude, l'*Alexandre Dumas*, de M. de Saint-Marceaux, le *Baudelaire* de M. de Charmoy, les *Morts* de M. Bartholomé. C'est un sommeil dont on ne se réveille pas. Mesurons de l'œil les reliefs de ces poitrines, de ces membres : jamais il ne fut si faible chez aucun gisant d'autrefois. Les corps aplatis, tassés contre terre, semblent vouloir y descendre, s'y abîmer à jamais. C'est la sensation profonde que donnent les corps de M. Bartholomé, tous refoulés vers le sol, quelques-uns s'y affaissant, écrasés sous un poids invisible se ployant au-delà même de ce que peut être ployée la machine humaine. Qui a disjoint ces mains pointées vers le ciel ou croisées sur la poitrine ? Qui a jeté, de côté, cette épée, dont la pointe ne menaçait plus, mais dont la croix protégeait le cœur ? Qui a renversé cette tête sereine et l'a laissée, la bouche entr'ouverte, par où le souffle s'en est allé ? Cela s'est fait tout seul, sans théorie, sans école, sans parti pris, sans entente. « Comme on a l'air pauvre quand on est mort ! » est le sentiment qui semble avoir modelé toutes ces figures, avec cette lassitude de la vie, si simple, si humaine et si résignée. La résignation est le grand trait de ces figures. Il est le plus vrai. Sans doute, l'homme de notre temps ne tient pas moins à la vie que l'homme de la Renaissance, ni ne montre plus de courage devant la mort, mais peut-être se fait-il une idée moins magnifique des joies de la vie et en a-t-il moins le regret ? Peut-être, son hésitation tient-elle moins à la perte de ce qu'il connaît qu'à la crainte de l'inconnu. Peut-être, même, cette crainte est-elle véritablement un peu moindre et la mort lui apparaît-elle, plus souvent qu'autrefois, avant toute autre chose, la fin du monotone recommencement des tristesses humaines et le « repos que la vie a troublé… »

Ainsi a évolué la figure du mort. L'égyptienne est encore à demi prise dans sa gangue de pierre ; à mesure que les siècles passent, elle s'anime, elle se dégage, elle se dresse, s'agenouille. Enfin elle est debout. Et, en vérité, au XVIIIe siècle, elle triomphe. Puis, de nos jours, elle se recouche et s'endort. Enfin, elle rentre peu à peu dans la pierre d'où elle était péniblement sortie, et, par un singulier retour, il n'y a guère plus de reliefs ou d'indications de membres et de formes humaines dans le *Baudelaire* de M. de Charmoy, par exemple, que dans les basaltes noirs sur lesquels se penchent les égyptologues pour y lire les noms de Tabnith ou d'Esmunazar.

Section III

Cette impression que laisse en nous la figure du gisant est amplifiée et précisée encore, si nous regardons celles qui lui font cortège, — ce qu'on pourrait appeler la « Mesnie de la mort. » Etre accompagné lors du dernier voyage par les serviteurs, les clients, l'épouse même, parut longtemps à l'homme une condition de survie. On les sacrifiait donc sur sa tombe. Être accompagné par leurs images, les plus belles possible, se présenter aux générations futures entouré de leurs formes, s'embellir de leur beauté, parut un sort enviable longtemps après qu'eurent cessé les sacrifices et une condition de survie, sinon dans les Champs Élyséens, du moins dans le souvenir des hommes. La tombe égyptienne est une exposition universelle des serviteurs, des richesses, des propriétés, des récoltes du mort, en même temps qu'une histoire de ses guerres et de ses travaux publics. La tombe de Tanagre contient encore tout un petit cortège de danseuses, de marchands ou d'amours. C'est la vie tout entière et de tout un peuple qui s'agite et bourdonne autour du mort. Mais c'est pour lui seul. Toutes ces figures, toutes ces files innombrables de vivants sont tournées à l'intérieur du tombeau, A partir du jour où le mastaba se referme, où le sépulcre est clos, le tableau encyclopédique des conditions humaines est perdu pour les yeux humains. Et il a fallu un sacrilège pour que nous puissions jouir de sa beauté.

Mais l'idée qui inspira le coroplaste grec domine l'antiquité tout entière, sur tous les bords de la Méditerranée, dans toutes les îles, païenne ou chrétienne, à demi barbare ou décadente : mettre autour du mort, sur son tombeau, la vie familière, la vie accoutumée. Rien de surnaturel. Pas plus dans l'art chrétien que dans l'art païen, vous ne trouverez de scènes comme Dante en imaginera et qui nous ravissent dans un autre monde. S'il y a un ange, il est sans ailes, tout à fait semblable à un autre jeune homme. S'il y a un génie, tenant un cartouche, c'est un pur motif décoratif. Sans doute, les dieux y paraissent, mais dans leurs besognes terrestres ! Apollon luttant avec Marsyas ou Bacchus traîné en triomphe sont des personnages de la plus naturelle humanité. Sans doute, le Christ fait des miracles, mais en pleine vie coutumière, au milieu des pains, des poissons et des jarres, sous les arbres où perchent des colombes. On peut en voir d'excellents exemples dans les moulages réunis par M. Salomon Reinach au musée de Saint-Germain. Il ne s'agit ni de ce qui se passe dans le royaume souterrain des morts, ni de ce qui se passe au ciel. On reste, même avec l'art chrétien, sur la terre et l'on y pose les deux pieds.

Sur cette terre, le cortège change, cependant, à mesure que passent les siècles. D'abord, ce sont les parents qui le forment ou les serviteurs, penchés sur l'être qui n'est plus, lui tendant le coffret aux bijoux, ou un oiseau, ou son enfant nouveau-né. Sur les stèles attiques, le mort est presque toujours entouré de sa famille. Agathon se tient, debout, auprès de sa femme Korallion, Dion auprès de Mika. La fille de Phrasikléia se jette dans les bras de sa mère. La suivante, dans la stèle funéraire qui est à La Haye, tend l'enfant à la morte et l'enfant lui tend les bras. Toutes ces figures de jeunes femmes à peine profilées sur le pentélique, telles qu'on s'imagine l'*animula blandula, vagula* que chante l'Empereur-poète, sont entourées de leurs proches. Bien peu tiennent, solitaires, le coffret, le miroir ou le fuseau.

Puis, autour du sarcophage ce sont des foules qui surviennent, se livrant, tout autour du mort, à toutes les besognes de la vie : les amours grimpent aux échelles pour vendanger, foulent le raisin dans la cuve, portent des guirlandes, montent dans la voiture aux chèvres. Des chasseurs accourent, des barbares, des Perses, au galop de leurs chevaux, et ce sont d'étranges luttes avec les sangliers, les lions, les aurochs ou les poursuites des cerfs tournant aux quatre coins du sarcophage. Le tumulte, la rumeur, le cliquetis des armes, le sol battu par les foulées cadencées du galop, voilà ce qu'entendent, incessamment, autour d'elles, les ombres dans leur long sommeil. Et ce sont presque toujours des scènes de tuerie ou de carnage qu'aperçoivent les fouilleurs, sous leurs pioches, lorsqu'ils font surgir quelque chef-d'œuvre depuis les champs de Sidon jusqu'à la vigne Ammendola.

Sur le tombeau chrétien, la famille disparaît. Elle ne reparaîtra plus qu'au XIXe siècle avec Thorvaldsen ou les artistes du Campo

Santo de Milan ou de Gênes. Elle est remplacée par les saints, les apôtres, la grande famille chrétienne, par des étrangers, aux yeux de la cité antique, des inconnus. Le lapicide travaille à la gloire non de la famille, du foyer, de la *gens*, mais du genre humain, de tous les frères en Jésus-Christ, — et la nature naît, grandit, foisonne autour de la tombe, avec ses drames : le serpent qui monte en s'enroulant autour de l'arbre, menaçant le nid ; avec ses joies : les grands paons qui boivent à la coupe ou les colombes insinuant la balançoire de leur cou et de leur queue dans le paraphe arrondi des vrilles de la vigne. Ce n'est plus la communion familiale ni même patriotique autour du mort ; c'est la grande communion chrétienne, la communion largement humaine qui commence. Le Christ guérit l'aveugle ; il multiplie les pains ; il relève le paralytique ; il change en vin l'eau des amphores de Cana. Le mort repose entouré de prodiges. Autour de lui, par la volonté du Seigneur, Jonas sort de la baleine, Daniel est arraché aux lions, Isaac au couteau de son père, Moïse et son peuple à la main du Pharaon, les trois jeunes Hébreux à la fournaise. Il dort donc confiant : il sera délivré de la mort. C'est un immense panorama de prodiges qui se déroulait aux Alyscamps, sur les milliers de sarcophages chrétiens, autour des dix-neuf chapelles, dans cette plaine tout inégale et bossuée par les tombes, dont parle Dante, et vers où, de tous les points des Gaules, le Rhône charriait continuellement du marbre et des morts.

Ainsi, les mêmes caractéristiques marquent le cortège chrétien de la tombe et son cortège païen. Ils sont tous deux formés par des hommes et des hommes qui agissent. Autour du mort l'artiste grec, ou gréco-romain, ou étrusque, figure la vie active et une compagnie, une « mesnie » purement naturelle.

Au moyen âge, tout change : ce qu'il y a, autour du gisant, c'est une vie contemplative et une compagnie surnaturelle. Les anges descendent du ciel pour veiller sur la statue. Dieu tout-puissant paraît au-dessus de sa tête. Les saints s'étagent ou s'alignent, non plus dans les besognes de la vie, mais dans les attitudes du triomphe et du repos. Rappelez-vous la vision qui domine, à San Zanipolo, de Venise, les doges Michèle Morosini et Mocenigo, ce dernier par Niccolo et Giovanni di Martino, tous deux du XVe siècle, ou bien encore celle du cardinal de Braye par Arnolfo di Cambio, à l'église de Saint-Dominique à Orvieto. Les poètes ont déploré que le moyen âge ait ramené la pensée sur les choses de la mort et que la foi chrétienne, mêlant la terreur à l'espoir,

Ait mis l'Éternité douteuse au fond des tombes…

Mais les poètes chercheraient vainement cette image sous le ciseau des Maîtres de la sculpture funéraire. C'est peut-être dans les livres, que la foi du moyen âge a mêlé la terreur à l'espoir : ce n'est assurément pas sur les tombes. Jamais époque ne fut plus familière avec la mort. Comme l'a très bien montré M. Enlart, les « aîtres » ou les cimetières étaient des lieux d'« esbattemens » et les gens qui, de nos jours, sont surpris qu'il y ait des vignobles sur les toits de Paris, le seraient bien davantage d'entendre parler du vin récolté parmi les tombes, comme jadis, à Saint-Urbain de Troyes au XIVe siècle ou des noix venues du cimetière de la cathédrale de Noyon… Sans doute, il y a un *Jugement dernier* sur la façade du dôme d'Orviéto, mais il y a de tout sur ce dôme : la Genèse, la création de l'Homme et ces deux anges délicieux qui glissent dans l'air, les ailes toutes droites, comme des cygnes sur l'eau et la Nativité de l'Enfant-Jésus… Sans doute, il y a, sur les murs du Campo-Santo de Pise, la rencontre des « trois morts et des trois vifs, » mais il y a la vendange, mais il y a le raisin qu'on foule dans la cuve, il y a la musique jouée dans le jardin enchanté : il y a tout le cycle des prodiges bibliques ou des réalités contemporaines. Quoi d'étonnant si, dans ce cycle, où tout est figuré de la vie, il se soit glissé quelque chose aussi de la mort ? Sans doute, enfin, il y a, au tympan de nos vieilles églises, des batailles de démons et d'anges, des marmites de damnés, « des pesées d'âmes… » Mais toutes ces œuvres ne sont pas des tombeaux. Regardons ceux-ci, nous n'y trouverons rien de semblable… Les scènes de l'Enfer étaient bonnes pour les vivants. La vision du Paradis enveloppe les morts. Si des mystères sont représentés sur la tombe, ce sont des mystères joyeux : l'Annonciation, la Résurrection, l'Assomption. Le doge Morosini est couché dans sa gloire. Il dort ; il fait un rêve : il se voit parvenu là-haut, présenté au Christ par la Vierge et par l'archange. Tel, le cardinal de Braye, tel, Roderigo Gonsalvi, tel, l'évêque d'Albano ou le cardinal de Portugal.

Toutes ces figures sont surmontées de la vision la plus belle qui fut jamais : la réalisation de leur espérance et la conclusion de leur effort s'épanouissent au-dessus d'eux comme la fleur de leur vie. Là-haut, c'est lui-même que le doge ou l'homme de guerre ou l'évêque ou l'humaniste aperçoit *in carne*, ressuscité : présenté par un saint à son Dieu, — car son Dieu est ressuscité, *Scio quod redemptor meus vivit*. C'est pour nous, peut-être, mais ce n'est pas pour lui que l'Éternité est « douteuse. » Nous qui plaignons les hommes du moyen âge morts ainsi, sûrs que leur idéal vit et triomphe quelque part dans les cieux, pourrions-nous en dire autant à l'heure où nous nous sentons fatigués de la lutte et ne devons-nous pas, plutôt, les envier ? Lesquels, même parmi les plus forts, parmi les plus confiants dans le progrès indéfini de l'esprit humain, s'en vont-ils assurés en l'avenir de l'idée qu'ils servent, de la justice qu'ils réclament ou de la beauté qu'ils annoncent et combien peuvent-ils se dire, en toute bonne foi, comme ces dormeurs souriants, la tête penchée, les mains jointes : *Scio quod redemptor meus vivit* ?

Ce groupement de saints, d'anges et de personnages divins autour du mort sous le portique où il repose, est une chose si simple, qu'on ne sent chez l'artiste aucun effort, aucune composition, aucun labeur. Les monuments de Leonardo Bruni par Rossellino et de Marsuppini par Desiderio da Settignano sont des merveilles d'harmonie. On ne saurait où, ni comment, retrancher une seule des figures. Ce n'est point, là, un rapprochement ingénieux fait par des architectes ou des tailleurs de marbre pour développer une thèse. C'est le geste spontané qui dresse le but auprès du voyageur fatigué, qui range les plis de son manteau, suspend sur sa tête des guirlandes, tire le rideau sur ses yeux et lui montre ce qu'il a tant cherché sur les routes d'ici-bas : le règne de la vérité, de la justice et de l'amour. C'est le geste hospitalier qui réunit, sous le même cintre, les esprits purs et le corps qui revivra un jour, — et ceux qui sont déjà renés à la lumière, et ceux qui ne peuvent mourir, et ceux qui ont souffert pour revivre, — dans cette réunion paisible et qui ne finira plus.

Ici, nous saisissons, au vif, l'antithèse du geste chrétien dans la naïveté médiévale avec le geste païen des beaux temps de la Grèce. Sur la stèle du Céramique, les parents serrent la main de celui qui les quitte. Sur le parvis de San Zanipolo, les saints accueillent celui qui, ayant traversé la mort, vient vers eux. Là-bas, c'est une scène d'adieux ; ici, une scène de bienvenue et de présentation au Seigneur. Le chrétien n'est plus accompagné à son départ : il est reçu à l'arrivée. Autant qu'une bienvenue est plus joyeuse que des adieux, autant le cortège de la mort au moyen âge est moins triste que dans l'antiquité.

Ce n'est pas que les proches ou les serviteurs éplorés de la stèle attique aient disparu tout à fait au moyen âge. Ce serait grand dommage, car leur douleur et leurs cagoules ont dicté à nos maîtres « ymagiers » des gestes et des plis qui sont de purs chefs-d'œuvre : les pleurants des ducs de Bourgogne et du duc de Berry, les « deuils » de Philippe Pot, par exemple. Le cortège funèbre s'est même enrichi de figures nouvelles et peu à peu, sont venus se ranger, autour du mort, des représentants de toute l'échelle de la vie : des anges, des hommes et des bêtes : des anges pour le garder, des hommes pour le pleurer et des bêtes peut-être pour le distraire.

Les anges apportent aux gisants le secours de leurs mains et de leurs ailes. De leurs mains, ils soulèvent le rideau, comme l'ange admirable de Donatello, sur la tombe du cardinal Brancacci, à San Nilo de Naples ; ou bien, ils balancent l'encensoir, comme ceux de Philippe, frère de saint Louis, souriant des lèvres aux lèvres souriantes du prince qui dort. De leurs ailes, dressées, ils chassent les mauvais rêves. Ils ne pleurent jamais. Ce sont les amours qui pleurent, peut-être aussi ces faux anges qui entourent, tout nus, debout, le corps du beau Philibert, à Brou. Les vrais anges protègent ou aident, mais ils sourient : ils ne connaissent pas la mort.

Les bêtes, non plus : les chiens, les lions ou les guivres pelotonnés sous le dur talon du chevalier, ou sous la pantoufle moelleuse de la dame. Ils ne savent pas qu'ils mourront et ne se doutent guère qu'ils sont dans une église et accomplissent une fonction solennelle. Il suffit d'aller au Louvre, dans les salles du rez-de-chaussée, pour goûter l'extrême fantaisie du moyen âge. Combien, parmi les milliers de visiteurs qui assiègent, chaque année, les box de l'Exposition canine, ont-ils la pensée de pousser jusque-là, sur la même rive de la Seine ? Ils trouveraient, cependant, en ces carlins, ces king's charles, ces épagneuls, ces levrettes de marbre ou de liais, couchés aux pieds des dames, jusqu'aux grands chiens courants de la *Diane* de Fontainebleau, la plus singulière collection de chiens que puisse imaginer la fantaisie humaine. Ces bêtes sont presque aussi vivantes et attachantes que celles de l'Exposition. Mais elles sont beaucoup moins bien élevées. La plupart se disputent des os, se battent, se roulent, dévorent avec une inconcevable avidité. Et l'être humain, étendu, la tête entre les purs esprits qui le couvrent de leurs ailes, les pieds parmi les bêtes occupées à leurs nourritures, semble encore partagé entre les deux natures, céleste et animale, qui se sont disputé sa vie.

Enfin, des hommes l'accompagnent, des « pleurants » comme sur la tombe de Philippe le Hardi, dans la salle des Gardes, au musée de Dijon. C'est là qu'il faut aller, pour voir, au complet, la « mesnie de la mort. » On voit chez Rossellino ou Donatello de plus beaux anges ; on voit chez Guillaume Regnault ou Germain Pilon de plus gentilles bêtes ; on voit chez Stephan Godl, autour de Maximilien, à Innsbruck, de plus fiers chevaliers. Mais, nulle part, on ne voit une semblable réunion d'anges, d'hommes et de bêtes, en face du grand mystère, c'est-à-dire d'êtres qui ne sont pas mortels, d'êtres qui ne se savent pas mortels, et de l'être, enfin, en qui le drame réside, parce qu'il sait qu'il meurt et qu'il espère revivre. Ce drame surtout est admirable, dans le chef-d'œuvre de Jean de Marville, de Claux Sluter et de Claux de Werwe, multiplié par les quarante moines ou chevaliers encapuchonnés, pleurants, répétant, développant et variant, comme les quarante strophes d'un poème, le même thème de douleur, tandis que les cinquante-quatre « angelots d'albastre » mêlés aux architectures, les deux anges tenant le heaume et le lion couché aux pieds, répètent le même thème de gloire. Quand un coup de lumière, venant à toucher les anges dorés, change en hautes flammes leurs grandes, paires d'ailes, il semble qu'on voie une œuvre de joaillerie splendide et chimérique flotter, avec le corps du duc, sur un lac noir : le marbre, où plongent les reflets tricolores du manteau bleu, et or, du coussin rouge, de la doublure rouge du manteau, des tuniques blanches des anges semées d'étoiles d'or, de leurs pieds nus tout roses, du lion éploré dans sa crinière brune et dorée. Et tandis que la lumière s'accroche et resplendit aux grains dorés de l'architecture comme aux grains rouges des rosaires, voici que, tournant sous la dalle noire, empêtrés dans leurs robes de marbre, secoués par les sanglots, passant et repassant, sous les petites voûtes, derrière les piliers, dans un cache-cache sans fin, les pleureurs conjuguent tous les temps du désespoir, sans montrer leurs figures, sans montrer leurs mains, par le mystérieux soulèvement de leurs lourdes cagoules et la funèbre éloquence de leurs plis.

L'âge gothique disparu, le cortège des serviteurs ou des clients ne se reverra plus autour du mort. On n'imaginera plus de figurer, même en une simple posture de douleur ceux que, dans d'autres temps, on eût sacrifiés aux mânes du seigneur. On ne l'imaginerait guère aujourd'hui. La Renaissance et le XVIIIe siècle ont bien représenté des figures éplorées auprès des lombes, mais ce sont des allégories. Au XIXe siècle, on en a bien remis, autour du mort, sur le marbre ou dans le bronze, mais ce sont des parents. Dès le XVIe siècle, les serviteurs, les chevaliers, les moines et les bêtes s'en vont.

Et, un à un, les dieux du paganisme reviennent rôder autour des tombes. Oh ! non pas les dieux de volupté : ils n'oseraient se mêler aux apôtres dont les mains bénissent, aux martyrs dont les blessures saignent, mais les dieux des Enfers, les Parques. Regardez aux pieds des enfants de Charles VIII et d'Anne de Bretagne, couchés, côte à côte, entre quatre anges de leur âge, par Guillaume de Regnault et Jérôme de Fiesole, à Tours ; vous lirez ces vers :

Par Atropos qui les cueurs humains fend D'un dard mortel de cruelle souffrance Du Moy Charle et d'Anne, Royne de France, Cy dessoubs gist Charles second enfant…

Les dieux proscrits se glissent derrière Atropos. Hercule traînant son hydre vient se mêler à Samson, traînant sa porte. Des génies ailés se dissimulent sous cette pierre où se tiennent des anges ; des dauphins en mordent les quatre coins. Puis apparaissent des figures indécises, dont les tuniques glissent, dont les ailes s'écourtent, qui ne peuvent plus planer sur les cimes, ne peuvent plus que voleter près de terre, à Brou, et, peu à peu, l'artiste déshabitué des formes sévères et rêvant des grâces antiques, oublie le but pieux qu'il se propose et, voulant figurer un ange, en vient à modeler un amour…

En même temps, aux personnes réelles, vivantes, succèdent de froides allégories. Elles se dressent aux quatre coins du tombeau de François il duc de Bretagne, à Nantes, portant des objets usuels, bien que souvent incompréhensibles. L'une avec son horloge et son mors de bride, l'autre avec son miroir à pied qui ressemble à un engin téléphonique et son compas, l'autre avec ses balances. Le passant qui n'est pas averti que voici la Tempérance, la Justice, la Vérité, est fort enclin à penser que ces belles dames sont surprises dans les soins de quelque déménagement. Mais il se trompe. Elles sont là pour honorer le mort. Elles l'honoreront, pendant trois siècles entiers, modifiant seulement leurs costumes, rejetant leurs longues robes et leurs manches, abandonnant leurs pendules et leurs balances, se tordant les bras, gémissant, escaladant le sarcophage, la pyramide, soufflant dans des trompettes, repoussant la Mort, se livrant, sur les deux tombeaux typiques du maréchal de Saxe, par Pigalle à Strasbourg, et du général de Rodt, par Wenzinger à Fribourg-en-Brisgau, à la plus démonstrative gymnastique, tandis qu'un orage imaginaire gonfle, creuse, chasse et déploie leurs draperies de pierre blanche, rouge ou noire sur le crâne et les vertèbres d'un squelette qui surgit.

Regardez maintenant les tombes de nos contemporains ; tout cortège a disparu. L'antiquité avait figuré autour de ses morts un cortège naturel : la vie qui continuait, des êtres *agissants*. Le moyen âge, des êtres surnaturels, ou bien encore la vie qui s'arrêtait un instant, des *pleurants*. La Renaissance et les siècles qui l'ont suivie dotèrent leurs morts d'un cortège allégorique, d'une vie factice et voulue, et les entourèrent de *figurants*. Tous les âges avaient fait honneur à l'être disparu, d'une figuration d'êtres attachés à sa destinée et mourant un peu de sa mort. Et, maintenant, c'est fini. Nous nous en allons seuls, dans l'autre monde. Ni les serviteurs égyptiens, ni les danseuses tanagréennes, ni les petits carlins du moyen âge ne nous accompagnent. On ne brise pas nos armes pour les chasses d'outre-tombe. On ne déchire pas nos livres pour les lectures d'en haut. Ni du monde humain, ni du monde animal, rien n'est sacrifié pour nous servir de cortège. De tous ces sacrifices, le seul vestige qui restât, était celui du monde végétal. On coupait encore des fleurs, on coupait des brassées de fleurs : elles mouraient sur notre tombe, comme si leurs âmes pouvaient suivre notre âme et notre ombre respirer quelque ombre de leurs parfums… Et voici que, justement, quelques-uns trouvent que c'est trop de sacrifices encore, — et défendent qu'on sacrifie des roses à leurs mânes, — que le règne végétal lui-même est fait pour les vivants, non pour les morts, qu'il ne faut pas sacrifier la plus légère parcelle de richesse, à qui ne peut plus produire de la richesse et que, morts, nous nous devons tout à la terre, et que la terre ne nous doit plus rien…

Section IV

Au point de vue esthétique pur, ce qui frappe le plus l'observateur, dans la statuaire funéraire, c'est le rôle de la draperie et dans ce rôle, c'est l'évolution du *Pli*.

On peut traiter le pli en l'honneur de la forme humaine. On peut traiter le pli en l'honneur du geste humain. On peut aussi traiter le pli pour lui-même, associé ou non avec la figure, poursuivant un mouvement, comme dans les écharpes ou les voiles qui flottent au vent, ou la queue d'un lourd manteau qui traîne. On peut le traiter tout seul, en l'honneur de la draperie qu'il creuse ou renfle, comme dans les marbres imitant des rideaux. Le pli peut être encore autre chose, dans un ensemble décoratif : une affirmation et une répétition de lignes décisives, comme, par exemple, de nombreux plis verticaux, associés avec des lignes verticales d'une architecture, renforcent l'expression de stabilité. On peut, enfin, se servir du pli, comme d'un stratagème pour varier et mouvementer une surface trop égale, un niveau trop constant. Mais, dans toutes les fonctions où il est recherché pour lui-même, le pli est une inutilité qui devient aisément une affectation. L'extrême mauvais goût de la statuaire italienne contemporaine le prouve. La draperie n'est belle qu'associée à la figure humaine, c'est-à-dire expression de cette figure ou amplification de son geste. Traitée seule : tenture, courtine, rideau, « litre, » elle devient vite une manière de trompe-l'œil, c'est-à-dire un objet d'horreur. La draperie, c'est l'éloquence de la statuaire : rien n'est plus beau, mais il faut qu'il y ait, dessous, quelque chose.

Chez les Grecs, il y a le corps humain, et, nulle part, la draperie ne l'enveloppe, ni ne le révèle mieux que dans la statuaire funéraire, peut-être parce que, dans la stèle, les figures assises, concentrées et ramassées sur elles-mêmes, plus enveloppées qu'ailleurs, sont plus emprisonnées par leurs plis. Cette science des plis qui enclosent est portée à son comble dans la stèle funéraire d'une femme inconnue, qui est au musée national d'Athènes (planche XXXI, des *Grabreliefs* de Conze). Assise, un coude sur une main, la tête penchée, une jambe rentrant sous sa chaise, elle est tout entière modelée par les plis de sa draperie et, de même, la suivante qui, devant elle, debout, ouvre le coffret aux bijoux. Des plis exquis, fléchissant en leur milieu comme des guirlandes, enveloppent aussi la Mynno du musée de Berlin ; de très sobres et de très fins plis glissent, bouillonnent autour de l'Hégéso du Dipylon, et si l'on examine la fameuse femme étrusque en terre cuite, la Seianti Thanunia, du British Muséum, assise sur son tombeau, soulevant d'une main son voile, de l'autre tenant son miroir, on s'aperçoit qu'un même enlacement des plis enveloppe et fait surgir toute cette figure, et qu'à leurs épaisseurs variables on peut distinguer les différents tissus dont son costume est composé. Le pli est, ici, expression, parfois voilée et parfois accentuée, du corps humain.

Le moyen âge a trouvé au pli une tout autre fonction. Quand on pouvait croire que l'antiquité en avait épuisé toutes les nuances, l'artiste gothique l'a, sans effort, renouvelé entièrement. Il ne pouvait plus en faire l'expression de la forme humaine, perdue dans les profondeurs de la robe monacale : il en fit l'expression du geste humain et, par là, ce qu'il n'avait pas été chez les Grecs, l'expression du sentiment de l'homme. C'est extrêmement frappant quand on considère les « Pleurants » du moyen âge, et, plus que tous les autres, ceux de Claux de Werwe, qui pleurent Philippe le Hardi, ou ceux de Le Moiturier, qui pleurent Jean sans Peur. C'est à peine s'ils peuvent soulever leurs lourdes robes, leurs capuchons, leurs longues manches. Mais leurs gestes prolongés par les lignes épaisses de la bure semblent grandir, comme si elles étaient projetées sur un mur en ombres gigantesques. Sur le côté gauche du monument de Philippe le Hardi, ils sont six, dont on ne voit pas la figure et trois qui, peut-être, n'en ont pas. A ses pieds, il y en a quatre, dont les traits restent cachés ; il y en a huit sur le côté droit de Jean sans Peur. Ce sont les plus « pleurants » de ces « pleurants, » et les plus tragiques. Tantôt, le pli tombe des yeux comme un flot de larmes ; tantôt, il se rebrousse et se ramasse comme un froncement de sourcils ; tantôt, il glisse en tournoyant jusqu'à terre comme une plume qui se pose ; tantôt, il s'évase et demeure suspendu comme une cloche ; tantôt, il se modèle sur le corps comme un gant, et tantôt, il le cache comme un bouclier, ou il se creuse et se ferme comme une poche, ou il se replie, s'aplatit et se tasse en zigzags, ou il traverse toute la draperie en diagonale et ceint le corps comme un baudrier. L'artiste a signifié les plus intenses expressions de l'âme sans sculpter de figures ni de membres. Il a réduit tout le corps humain à une seule chose : le geste ou l'attitude, — ce qu'a rêvé de faire M. Rodin, dans son *Balzac*, — et ce qui, si médiocre que soit le résultat, est une belle intention de synthèse.

Si le pli antique révèle toute l'académie, et si le pli monacal du moyen âge révèle le geste, que fait le pli creusé dans le marbre ou modelé pour le bronze par les artistes de la Renaissance ? — Il se révèle lui-même et n'a d'autre objet que sa propre beauté. Les paquets figurés sur le genou de *Moïse* le prouvent, et, mieux encore, les longs sillons labourées dans le bronze du manteau de Birague, au Louvre, et les gros bouillons que fait l'étoffe de sa traîne, comme l'eau dans le sillage d'un navire de haut bord. L'œuvre de Germain Pilon est caractéristique. Le pli est admiré, ici, pour lui-même, comme une belle fourrure, comme un beau faisceau de plantes décoratives, comme les bouillonnements d'une belle cascade. Lorsqu'une lumière favorable vient aiguiser les arêtes du bronze, l'impression de force et de mouvement qu'on ressent ne tient qu'à la draperie retombante, à cette chute, à ce Niagara de plis lourds, s'épanchant en courbes quasi parallèles, selon le procédé décoratif de la répétition ou de l'accumulation, qui en centuple la grandeur.

Mais la pente est fatale qui conduit l'artiste devenu trop habile à l'affectation de son habileté. Il y glisse rapidement au XVIIe et au XVIIIe siècle. Le virtuose de la sculpture ne peut se tenir de montrer tout son savoir-faire, de chanter son air de bravoure. Celui qui sait tout sur les plis a envie de dire tout ce qu'il sait, même lorsque le souci d'une impression funèbre l'inviterait au silence. Il ne s'agit pas, ici, de ces coussins, ces toilettes, ces rideaux, ces dentelles, ces cravates, pratiqués dans le marbre au Campo Santo de Gênes ou à celui de Milan. De telles choses ne peuvent être citées parmi des œuvres d'art. Mais il y a une stèle funéraire de David d'Angers, qui peut servir d'exemple. Sa reproduction est au musée des moulages du Trocadéro. C'est le monument du comte de Bourcke. Une femme assise, éplorée, en un costume qui joue l'antique, est d'allure assez noble et simple. Malheureusement, l'artiste a voulu montrer son adresse à plisser un tissu. Ce bavard a voulu dire tout ce qu'il savait. En art, pourtant, et devant la mort, il faut savoir se taire.

L'artiste moderne l'a compris et, peu à peu, il a simplifié dans ses draperies, les mouvements, les ondulations et les cassures. Il n'a eu, d'ailleurs, qu'à suivre la nature qui ne donne nullement l'abondance des plis enroulés et épais des Bernins, ni même, il faut le dire, l'abondance et la fluidité des plis grecs. Rude est un des derniers qui se soient encore divertis à ces rencontres pittoresques. Dans le linceul de son *Cavaignac*, pourtant admirable et si tragique dans sa simplicité, l'œil de pli est trop fréquent. Par réaction, sans doute, contre l'affectation des labours profonds du rococo, les cassures sont droites, les arêtes vives, les trous nombreux. On dirait un linceul de papier. Mais le mouvement d'ensemble persiste sous la multiplicité du détail. Le corps se dessine, la main gantée par le linceul se modèle, à la fois traversée, révélée et dissimulée par les plis. C'est la grande tradition qui se renoue…

Ainsi, jusque dans le détail spécifique de la draperie funéraire, nous voyons l'art peu à peu revenir à la simplicité de ses premiers essais. La statue se recouche et s'endort sur la pierre nue, à peine plus dégagée de la tombe qu'elle ne l'était dans la vieille Egypte. Le cortège qui l'entoura si longtemps, sa « mesnie » naturelle ou surnaturelle, disparaît. La sérénité, le calme antique, longtemps troublés, depuis la Renaissance et les siècles modernes, renaît sur les figures de « gisants, » avec la nuance de la résignation. Et, peut-être, cette évolution de la forme en révèle-t-elle une autre plus profonde… Une nuit d'été, sous une chaleur torride, je suivais, dans la campagne de Pise, un long convoi funèbre mené par des pénitents. La torche à la main, ils allaient, psalmodiant d'indistinctes prières, et mettant, sur le chemin, une double rangée de petites étoiles. De temps en temps, importuné par la résine ou la cire qui coulait, l'un d'eux secouait sa torche sur l'herbe séchée par un mois d'été sans pluie. Et l'herbe prenait feu. Le feu gagnait de touffe en touffe, et bientôt nous cheminâmes entre une double haie de flammes courtes, dans la nuit.

Ainsi, en célébrant les morts de leur temps, les Maîtres de la sculpture funéraire ont jalonné en traits de flamme la route qu'a suivie l'humanité. Cela fut bien involontaire. Pas plus que ces pénitents ne voulaient tracer dans la campagne une voie lumineuse, ces artistes, les Rossellino, les Donatello, les Jean Goujon, les Michel-Ange n'ont prétendu figurer, à nos yeux, l'évolution des sentiments humains. Ils n'ont songé qu'à secouer leur torche sur la route. Mais à la lueur qu'ils ont faite, nous pouvons nous guider encore et tenter de retrouver les chemins qu'ils ont suivis.

ISBN : 978-1724631459

www.ingramcontent.com/pod-product-compliance
Lightning Source LLC
Chambersburg PA
CBHW070931220526
45468CB00005B/1730